Hebridean Desk Diary 2024
Illustrations by Mairi Hedderwick

· Wren ·
· St. Kilda ·

This edition published in 2023 by
Birlinn Limited
West Newington House
10 Newington Road
Edinburgh
EH9 1QS

www.birlinn.co.uk

ISBN: 978 1 78027 808 7

British Library Cataloguing-in-Publication Data
A Catalogue record for this book is available from the British Library

Printed and bound by Replika Press, India

These Hebridean sketches have been garnered over a period of many years – some whilst living on one of the islands, others as I escaped from mainland exile. Some landmarks are no more – a post box disappeared, the old pier superseded by the new, many hens long gone into the pot. The mountains and headlands and the horizon line of the sea, however, never change – or diminish. And neither do the midges.

The Clyde islands of Arran are not truly Hebridean, but as one set of forebears hailed from Corrie, I am sure that they would have been pleased with its inclusion, as I hope you are with this Hebridean diary.

2024

January Am Faoilleach

M	T	W	T	F	S	S
1	2	3	4	5	6	7
8	9	10	11	12	13	14
15	16	17	18	19	20	21
22	23	24	25	26	27	28
29	30	31				

February An Gearran

M	T	W	T	F	S	S
			1	2	3	4
5	6	7	8	9	10	11
12	13	14	15	16	17	18
19	20	21	22	23	24	25
26	27	28	29			

March Am Màrt

M	T	W	T	F	S	S
				1	2	3
4	5	6	7	8	9	10
11	12	13	14	15	16	17
18	19	20	21	22	23	24
25	26	27	28	29	30	31

April An Giblean

M	T	W	T	F	S	S
1	2	3	4	5	6	7
8	9	10	11	12	13	14
15	16	17	18	19	20	21
22	23	24	25	26	27	28
29	30					

May An Cèitean

M	T	W	T	F	S	S
		1	2	3	4	5
6	7	8	9	10	11	12
13	14	15	16	17	18	19
20	21	22	23	24	25	26
27	28	29	30	31		

June An t-Ògmhios

M	T	W	T	F	S	S
					1	2
3	4	5	6	7	8	9
10	11	12	13	14	15	16
17	18	19	20	21	22	23
24	25	26	27	28	29	30

July An t-Iuchar

M	T	W	T	F	S	S
1	2	3	4	5	6	7
8	9	10	11	12	13	14
15	16	17	18	19	20	21
22	23	24	25	26	27	28
29	30	31				

August An Lùnastal

M	T	W	T	F	S	S
			1	2	3	4
5	6	7	8	9	10	11
12	13	14	15	16	17	18
19	20	21	22	23	24	25
26	27	28	29	30	31	

September An t-Sultain

M	T	W	T	F	S	S
						1
2	3	4	5	6	7	8
9	10	11	12	13	14	15
16	17	18	19	20	21	22
23	24	25	26	27	28	29
30						

October An Dàmhair

M	T	W	T	F	S	S
	1	2	3	4	5	6
7	8	9	10	11	12	13
14	15	16	17	18	19	20
21	22	23	24	25	26	27
28	29	30	31			

November An t-Samhain

M	T	W	T	F	S	S
				1	2	3
4	5	6	7	8	9	10
11	12	13	14	15	16	17
18	19	20	21	22	23	24
25	26	27	28	29	30	

December An Dùbhlachd

M	T	W	T	F	S	S
						1
2	3	4	5	6	7	8
9	10	11	12	13	14	15
16	17	18	19	20	21	22
23	24	25	26	27	28	29
30	31					

2025

January Am Faoilleach

M	T	W	T	F	S	S
		1	2	3	4	5
6	7	8	9	10	11	12
13	14	15	16	17	18	19
20	21	22	23	24	25	26
27	28	29	30	31		

February An Gearran

M	T	W	T	F	S	S
					1	2
3	4	5	6	7	8	9
10	11	12	13	14	15	16
17	18	19	20	21	22	23
24	25	26	27	28		

March Am Màrt

M	T	W	T	F	S	S
					1	2
3	4	5	6	7	8	9
10	11	12	13	14	15	16
17	18	19	20	21	22	23
24	25	26	27	28	29	30
31						

April An Giblean

M	T	W	T	F	S	S
	1	2	3	4	5	6
7	8	9	10	11	12	13
14	15	16	17	18	19	20
21	22	23	24	25	26	27
28	29	30				

May An Cèitean

M	T	W	T	F	S	S
			1	2	3	4
5	6	7	8	9	10	11
12	13	14	15	16	17	18
19	20	21	22	23	24	25
26	27	28	29	30	31	

June An t-Ògmhios

M	T	W	T	F	S	S
						1
2	3	4	5	6	7	8
9	10	11	12	13	14	15
16	17	18	19	20	21	22
23	24	25	26	27	28	29
30						

July An t-Iuchar

M	T	W	T	F	S	S
	1	2	3	4	5	6
7	8	9	10	11	12	13
14	15	16	17	18	19	20
21	22	23	24	25	26	27
28	29	30	31			

August An Lùnastal

M	T	W	T	F	S	S
				1	2	3
4	5	6	7	8	9	10
11	12	13	14	15	16	17
18	19	20	21	22	23	24
25	26	27	28	29	30	31

September An t-Sultain

M	T	W	T	F	S	S
1	2	3	4	5	6	7
8	9	10	11	12	13	14
15	16	17	18	19	20	21
22	23	24	25	26	27	28
29	30					

October An Dàmhair

M	T	W	T	F	S	S
		1	2	3	4	5
6	7	8	9	10	11	12
13	14	15	16	17	18	19
20	21	22	23	24	25	26
27	28	29	30	31		

November An t-Samhain

M	T	W	T	F	S	S
					1	2
3	4	5	6	7	8	9
10	11	12	13	14	15	16
17	18	19	20	21	22	23
24	25	26	27	28	29	30

December An Dùbhlachd

M	T	W	T	F	S	S
1	2	3	4	5	6	7
8	9	10	11	12	13	14
15	16	17	18	19	20	21
22	23	24	25	26	27	28
29	30	31				

Kerrera Ferry Crossing .

Monday Diluain 11

Tuesday Dimàirt 12

Wednesday Diciadain 13

Thursday Diardaoin 14

Friday Dihaoine 15

Saturday Disathairne 16

Sunday Didòmhnaich 17

· Raasay ·

December
An Dùbhlachd

18	Monday Diluain

19	Tuesday Dimàirt

20	Wednesday Diciadain

21	Thursday Diardaoin

Friday Dihaoine   Winter Solstice Grian-stad a' Gheamhraidh   22

Saturday Disathairne   23

Sunday Didòmhnaich   Christmas Eve Oidhche nam Bannag   24

December
An Dùbhlachd

25	Christmas Day Là na Nollaige Bank Holiday Là-fèill Banca	Monday Diluain
26	Boxing Day Là nam Bogsa Bank Holiday Là-fèill Banca	Tuesday Dimàirt
27		Wednesday Diciadain
28		Thursday Diardaoin
29		Friday Dihaoine
30		Saturday Disathairne
31	Hogmanay Oidhche Challainn	Sunday Didòmhnaich

"The Gallery" Rose Window competing with the tartan
TOBERMORY MULL

SCOTCH THISTLE

SCOTLAND SCOTLA

January 2024
Am Faoilleach

1   New Year's Day Là na Bliadhn' Ùire   Monday Diluain
        Bank Holiday Là-fèill Banca

2   Bank Holiday (Scotland) Là-fèill Banca   Tuesday Dimàirt

3   Wednesday Diciadain

4   Thursday Diardaoin

Friday Dihaoine

5

Saturday Disathairne

6

Sunday Didòmhnaich

7

The Prince's Bay.

ERISKay...

January
Am Faoilleach

8   Monday Diluain

9   Tuesday Dimàirt

10   Wednesday Diciadain

11   Thursday Diardaoin

· Butt of Lewis ·

Friday Dihaoine

12

Saturday Disathairne

13

Sunday Didòmhnaich

14

January
Am Faoilleach

15	Monday Diluain

16	Tuesday Dimàirt

17	Wednesday Diciadain

18	Thursday Diardaoin

scalpay

Friday Dihaoine 19

Saturday Disathairne 20

Sunday Didòmhnaich 21

January
Am Faoilleach

22   Monday Diluain

23   Tuesday Dimàirt

24   Wednesday Diciadain

25   **Burns Night** Fèill Burns   Thursday Diardaoin

Eaval · N. Uist

Am Maol · Muck

Friday Dihaoine	26

Saturday Disathairne	27

Sunday Didòmhnaich	28

January
Am Faoilleach

29   Monday Diluain

30   Tuesday Dimàirt

31   Wednesday Diciadain

Thursday Diardaoin 1

Friday Dihaoine   Candlemas Là Fhèill Moire nan Coinnlean 2

Saturday Disathairne 3

Sunday Didòmhnaich 4

- Neist Lighthouse - Isle of Skye

February
An Gearran

5	Monday Diluain
6	Tuesday Dimàirt
7	Wednesday Diciadain
8	Thursday Diardaoin

Benbecula from Carinish
Benbecula best viewed from a distance . . . . . .

Friday Dihaoine   9

Saturday Disathairne   10

Sunday Didòmhnaich   11

Luing.

Monday Diluain		12

Tuesday Dimàirt	Shrove Tuesday Dimàirt Inid	13

Wednesday Diciadain	Ash Wednesday Diciadain na Luaithre St Valentine's Day Là Fhèill Uailein	14

Thursday Diardaoin		15

Friday Dihaoine		16

Saturday Disathairne		17

Sunday Didòmhnaich		18

19   Monday Diluain

20   Tuesday Dimàirt

21   Wednesday Diciadain

. Boat Day. Tiree.

FERRY TRAFFIC Q HERE

· Dunvegan · Skye ·

Thursday Diardaoin 22

Friday Dihaoine 23

Saturday Disathairne 24

Sunday Didòmhnaich 25

February March

26   Monday Diluain

27   Tuesday Dimàirt

28   Wednesday Diciadain

29   Thursday Diardaoin

1   St David's Day Là Fhèill Dhaibhidh   Friday Dihaoine

2   Saturday Disathairne

3   Sunday Didòmhnaich

THE OLD
PIER LIGHT

"The Riding School"
going along the
sea front

MILLPORT

March
Am Màrt

4	Monday Diluain

5	Tuesday Dimàirt

6	Wednesday Diciadain

7	Thursday Diardaoin

Portree · Skye ·

Friday Dihaoine　　　　　　　　　　　　　　　　　　　　　　8

Saturday Disathairne　　　　　　　　　　　　　　　　　　　9

Sunday Didòmhnaich　　　　　　　　Mothers' Day Là nam Màthair　10

Muck's Sgurr of cows

March
Am Màrt

11	Monday Diluain

12	Tuesday Dimàirt

13	Wednesday Diciadain

Thursday Diardaoin 14

Friday Dihaoine 15

Saturday Disathairne 16

Sunday Didòmhnaich　　St Patrick's Day Là Fhèill Pàdraig 17

Will CUSTOMERS
PLEASE HELP
THEMSELVES
TO AIR
Thank You

Notice : Ribbeck's Garage · BRODICK

March
Am Màrt

---

18 Bank Holiday (Northern Ireland) Là-fèill Banca   Monday Diluain

---

19   Tuesday Dimàirt

---

20 Vernal Equinox Co-fhad-thràth an Earraich   Wednesday Diciadain

---

21   Thursday Diardaoin

Bakeshare from Carini

Friday Dihaoine 22

Saturday Disathairne 23

Sunday Didòmhnaich   Palm Sunday Didòmhnaich Tùrnais 24

N. VIST .

March

Am Màrt

25	Monday Diluain

26	Tuesday Dimàirt

27	Wednesday Diciadain

28	Maundy Thursday Diardaoin a' Bhrochain Mhòir	Thursday Diardaoin

29	Good Friday Dihaoine na Càisge	Friday Dihaoine

EIGG EGGS
FREE RANGE   HEN & DUCK
FOR SALE

Iona Abbey & Cross

Saturday Disathairne

30

Sunday Didòmhnaich

Easter Sunday Didòmhnaich na Càisge

British Summer Time begins
Uair Shamhraidh Bhreatainn

31

'The
Feather Stone.
St. Kilda

Monday Diluain | Easter Monday Diluain na Càisge | 1
April Fools' Day Là na Gogaireachd

Tuesday Dimàirt | 2

Wednesday Diciadain | 3

Thursday Diardaoin | 4

Friday Dihaoine | 5

Saturday Disathairne | 6

Sunday Didòmhnaich | 7

Greian
Barra

The German's Studio

April
An Giblean

8   Monday Diluain

9   Tuesday Dimàirt

10   Wednesday Diciadain

11   Thursday Diardaoin

Friday Dihaoine

12

Saturday Disathairne

13

Sunday Didòmhnaich

14

ROBBIE, CALLED
IN FOR COFFEE,
NOBODY HOME, BUT
JONNY

Holiday House. Barra

April
An Giblean

Monday Diluain 15

Tuesday Dimàirt 16

Wednesday Diciadain 17

Thursday Diardaoin 18

Friday Dihaoine 19

Saturday Disathairne 20

Sunday Didòmhnaich 21

Carpets of pink purslane,
garlic, bluebells, forget-me-
nots, aconites & primroses
COLONSAY HOUSE GARDENS.

April
An Giblean

22	Monday Diluain
23 St George's Day Là an Naoimh Seòras	Tuesday Dimàirt
24	Wednesday Diciadain
25	Thursday Diardaoin

Friday Dihaoine 26

Saturday Disathairne 27

Sunday Didòmhnaich 28

WASHING LINE · ARD MHOR

Rhyins of Islay
Lighthouse.

from deserted (12th) chapel. Soon lighthouse
to be deserted. Computers
already installed

April *May*

An Giblean   An Cèitean

Monday Diluain   29

Tuesday Dimàirt   30

Wednesday Diciadain   Beltane Là Buidhe Bealltainn   1

Thursday Diardaoin   2

Friday Dihaoine   3

Saturday Disathairne   4

Sunday Didòmhnaich   5

 **May**
An Cèitean

| 6 | Bank Holiday Là-fèill Banca | Monday Diluain |

| 7 | | Tuesday Dimàirt |

| 8 | | Wednesday Diciadain |

| 9 | Ascension Day Deasghabhail | Thursday Diardaoin |

| 10 | | Friday Dihaoine |

BREACHACHA
COLL.

Coll
Port na
Luing.

Saturday Disathairne   11

Sunday Didòmhnaich   12

May
An Cèitean

13	Monday Diluain
14	Tuesday Dimàirt
15	Wednesday Diciadain
16	Thursday Diardaoin
17	Friday Dihaoine
18	Saturday Disathairne
19 Whitsunday or Pentecost Didòmhnaich na Caingis	Sunday Didòmhnaich

A' Chuagach
Prettiest Wreck I've ever
seen....
and the brambles will be good this September.

- Balephuil · Tiree ·

May
An Cèitean

20 Monday Diluain

21 Tuesday Dimàirt

22 Wednesday Diciadain

23 Thursday Diardaoin

Friday Dihaoine 24

Saturday Disathairne 25

Sunday Didòmhnaich 26

May
An Cèitean

27	Spring Bank Holiday	Monday Diluain
	Là-fèill Banca an Earraich	

| 28 | | Tuesday Dimàirt |

| 29 | | Wednesday Diciadain |

Tobermory Race Day   . Mull .

Staffin · Skye

May June
An Cèitean   An t-Ògmhios

Thursday Diardaoin	30

Friday Dihaoine	31

Saturday Disathairne	1

Sunday Didòmhnaich	2

Mr. Muscovy
& the Ulva Payphone.

Monday Diluain

3

Tuesday Dimàirt

4

Wednesday Diciadain

5

Thursday Diardaoin

6

Friday Dihaoine

7

Saturday Disathairne

8

Sunday Didòmhnaich

9

Rhododendrons . Gigha

June
An t-Ògmhios

| 10 | Monday Diluain |

| 11 | Tuesday Dimàirt |

| 12 | Wednesday Diciadain |

| 13 | Thursday Diardaoin |

Friday Dihaoine 14

Saturday Disathairne 15

Sunday Didòmhnaich · Fathers' Day Là nan Athair 16

Garrynahine – Lewis

June
An t-Ògmhios

17   Monday Diluain

18   Tuesday Dimàirt

19   Wednesday Diciadain

20 Summer Solstice Grian-stad an t-Samhraidh   Thursday Diardaoin

21   Friday Dihaoine

22   Saturday Disathairne

23   Sunday Didòmhnaich

. Window . IONA .

June

An t-Ògmhios

24 Monday Diluain

25 Tuesday Dimàirt

26 Wednesday Diciadain

27 Thursday Diardaoin

28 Friday Dihaoine

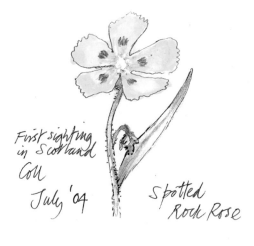

First sighting
in Scotland
Coll
July '04

Spotted
Rock Rose

The Stone of Tarbert
(?) The Druid Stone Gigha

Saturday Disathairne 29

Sunday Didòmhnaich 30

Portnahaven · Islay ·

July
An t-Iuchar

1	Monday Diluain
2	Tuesday Dimàirt
3	Wednesday Diciadain
4	Thursday Diardaoin

Friday Dihaoine
5

Saturday Disathairne
6

Sunday Didòmhnaich
7

. Cleit · St. Kilda .

July

An t-Iuchar

8	Monday Diluain

9	Tuesday Dimàirt

10	Wednesday Diciadain

11	Thursday Diardaoin

Brodick Beach

outside Harmony Villa

SCADABAY

Dyed wool

. Harris

Friday Dihaoine	Bank Holiday (Northern Ireland) Là-fèill Banca	12

Saturday Disathairne	13

Sunday Didòmhnaich	14

· IONA ·

The Fuschia Arch ·

Monday Diluain   St Swithin's Day Là Fhèill Màrtainn Builg **15**

Tuesday Dimàirt   **16**

Wednesday Diciadain   **17**

Thursday Diardaoin   **18**

Friday Dihaoine   **19**

Saturday Disathairne   **20**

Sunday Didòmhnaich   **21**

July

An t-Iuchar

| 22 | Monday Diluain |

| 23 | Tuesday Dimàirt |

| 24 | Wednesday Diciadain |

| 25 | Thursday Diardaoin |

EASDALE
MUSEUM.

Jean's
    grandfather
who was never a
member of the Independent
Order of Rechabites.
"He liked his wee dram too much"......

Tiree. Marigolds on the thatch.

Friday Dihaoine 26

Saturday Disathairne 27

Sunday Didòmhnaich 28

July

An t-Iuchar

29 Monday Diluain

30 Tuesday Dimàirt

31 Wednesday Diciadain

· Lunga · Treshnish · Bac Mòr ·

The Top House.
Cleadale Eigg

August
An Lùnastal

Thursday Diardaoin	Lammas Lùnastal	1
Friday Dihaoine		2
Saturday Disathairne		3
Sunday Didòmhnaich		4

August

An Lùnastal

| 5 | Bank Holiday (Scotland) Là-fèill Banca | Monday Diluain |

| 6 | | Tuesday Dimàirt |

| 7 | | Wednesday Diciadain |

| 8 | | Thursday Diardaoin |

Tiree Houses and Mailbox

ENTRANCE TO CANNA HOUSE

Friday Dihaoine

9

Saturday Disathairne

10

Sunday Didòmhnaich

11

August
An Lùnastal

| 12 | Monday Diluain |

| 13 | Tuesday Dimàirt |

| 14 | Wednesday Diciadain |

| 15 | Thursday Diardaoin |

·Summer storm·
· Portree ·
M.T.S.'Argonaut' swings back &
forth thro' 180°

Friday *Dihaoine* 16

Saturday *Disathairne* 17

Sunday *Didòmhnaich* 18

Angust
An Lùnastal

19   Monday Diluain

20   Tuesday Dimàirt

21   Wednesday Diciadain

22   Thursday Diardaoin

church gate · Canna

"Ulva Ferry"

Friday Dihaoine 23

Saturday Disathairne 24

Sunday Didòmhnaich 25

August September

An Lùnastal   An t-Sultain

Monday Diluain	Summer Bank Holiday (not Scotland)	**26**
	Là-fèill Banca an t-Samhraidh	

Tuesday Dimàirt   **27**

Wednesday Diciadain   **28**

Thursday Diardaoin   **29**

Friday Dihaoine   **30**

Saturday Disathairne   **31**

Sunday Didòmhnaich   **1**

Rum, Muck a Eigg from Cairns of Coll
. Minke whale to starboard.

September
An t-Sultain

2	Monday Diluain
3	Tuesday Dimàirt
4	Wednesday Diciadain

Thursday Diardaoin

5

Friday Dihaoine

6

Saturday Disathairne

7

Sunday Didòmhnaich

8

ARAKAN approaching
ST. KILDA · 15·00 HRS
SEPT. 3.

September
An t-Sultain

Monday Diluain 9

Tuesday Dimàirt 10

Wednesday Diciadain 11

Thursday Diardaoin 12

Friday Dihaoine 13

Saturday Disathairne 14

Sunday Didòmhnaich 15

September

An t-Sultain

16	Monday Diluain

17	Tuesday Dimàirt

18	Wednesday Diciadain

19	Thursday Diardaoin

· Crofthouses · Jura ·

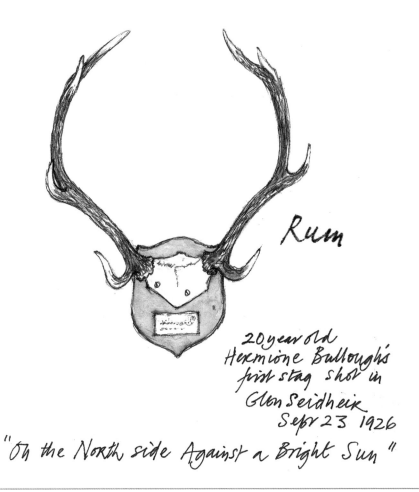

Rum

20 year old
Hermione Bullough's
first stag shot in
Glen Seidheir
Sepr 23 1926

"On the North side Against a Bright Sun"

Friday Dihaoine

20

Saturday Disathairne

21

Sunday Didòmhnaich · Autumnal Equinox Co-fhad-thràth an Fhoghair · 22

September
An t-Sultain

23	Monday Diluain

24	Tuesday Dimàirt

25	Wednesday Diciadain

26	Thursday Diardaoin

Corn huts near Dun Carloway
LEWIS

· Acha · Isle of Coll · The Barnacle Geese are back ... .

Friday Dihaoine   27

Saturday Disathairne   28

Sunday Didòmhnaich   29

September October

September
An t-Sultain

October
An Dàmhair

30 Monday Diluain

1 Tuesday Dimàirt

2 Wednesday Diciadain

3 Thursday Diardaoin

"Burg from the Ross of Mull."

Friday Dihaoine 4

Saturday Disathairne 5

Sunday Didòmhnaich 6

Grandparents' Day
Latha nan Seanmhair 's nan Seanair

October
An Dàmhair

7	Monday Diluain

8	Tuesday Dimàirt

9	Wednesday Diciadain

10	Thursday Diardaoin

11	Friday Dihaoine

12	Saturday Disathairne

13	Sunday Didòmhnaich

Holy Isle Lighthouse.

Peter Scott sky

The Forbidden Glen . Rum
Lord Bullough's reservoir wall
remains — burst on first a
of filling ...

October

An Dàmhair

Monday Diluain 14

Tuesday Dimàirt 15

Wednesday Diciadain 16

Thursday Diardaoin 17

Friday Dihaoine 18

Saturday Disathairne 19

Sunday Didòmhnaich 20

October

An Dàmhair

21 Monday Diluain

22 Tuesday Dimàirt

23 Wednesday Diciadain

24 Thursday Diardaoin

25 Friday Dihaoine

26 Saturday Disathairne

27 British Summer Time ends
Crìoch Uair Shamhraidh Bhreatainn
Sunday Didòmhnaich

'An Turas ~ The Journey'

Tixee

October   November

An Dàmhair   An t-Samhain

28		Monday Diluain

29		Tuesday Dimàirt

30		Wednesday Diciadain

31	Hallowe'en Oidhche Shamhna	Thursday Diardaoin

1	All Saints' Day Fèill nan Uile Naomh	Friday Dihaoine

·Scalpay·

The Mausoleum . Rum .

Saturday Disathairne

2

Sunday Didòmhnaich

3

Rum, Cleadale Dykes Eigg

November

An t-Samhain

Monday Diluain		4

Tuesday Dimàirt — Guy Fawkes Night Oidhche Ghuy Fawkes — 5

Wednesday Diciadain — 6

Thursday Diardaoin — 7

Friday Dihaoine — 8

Saturday Disathairne — 9

Sunday Didòmhnaich — Remembrance Sunday
Didòmhnaich Cuimhneachaidh — 10

November

An t-Samhain

11	Martinmas Là Fhèill Màrtainn	Monday Diluain

12		Tuesday Dimàirt

13		Wednesday Diciadain

14		Thursday Diardaoin

· S. Uist ·   · Eriskay ·   ~ Levinish · St. Kilda ~   · Vatersay ·   · Bishop's Isles ·

Eoropaidh
Lewis

Friday Dihaoine

15

Saturday Disathairne

16

Sunday Didòmhnaich

17

November

An t-Samhain

18	Monday Diluain
19	Tuesday Dimàirt
20	Wednesday Diciadain
21	Thursday Diardaoin
22	Friday Dihaoine

· Broadford · Skye ·

Kinloch · Rum ·

Saturday Disathairne 23

Sunday Didòmhnaich 24

November

25	Monday Diluain

26	Tuesday Dimàirt

27	Wednesday Diciadain

28	Thursday Diardaoin

· The Shellfish Shed · Coll ·

Guess which way
the prevailing wind .....

MAOL. IONA

November December
An t-Samhain An Dùbhlachd

Friday Dihaoine	**29**

Saturday Disathairne	St Andrew's Day Là an Naoimh Anndras	**30**

Sunday Didòmhnaich	**1**

December

An Dùbhlachd

2	Bank Holiday (Scotland) Là-fèill Banca	**Monday** Diluain

3		**Tuesday** Dimàirt

4		**Wednesday** Diciadain

Staffin. Skye.

Thursday Diardaoin 5

Friday Dihaoine 6

Saturday Disathairne 7

Sunday Didòmhnaich 8

December

An Dùbhlachd

9

10

11

Brodick: Arran.

New snow on the Fell & the Beach Huts
wondering if they'd
"do" another Summer.

· St. Kilda ·

· Fulmars

Thursday Diardaoin 12

Friday Dihaoine 13

Saturday Disathairne 14

Sunday Didòmhnaich 15

Mail Maybe Coming in .... Hirt

December

An Dùbhlachd

Monday Diluain 16

Tuesday Dimàirt 17

Wednesday Diciadain 18

Thursday Diardaoin 19

Friday Dihaoine 20

Saturday Disathairne Winter Solstice Grian-stad a' Gheamhraidh 21

Sunday Didòmhnaich 22

December

An Dùbhlachd

23   Monday Diluain

24 Christmas Eve Oidhche nam Bannag   Tuesday Dimàirt

25 Christmas Day Là na Nollaige   Wednesday Diciadain
      Bank Holiday Là-fèill Banca

26 Boxing Day Là nam Bogsa   Thursday Diardaoin
      Bank Holiday Là-fèill Banca

Jura Paps from Gigha.

Sheila's seat. Sannox. ARRAN.

Friday Dihaoine

27

Saturday Disathairne

28

Sunday Didòmhnaich

29

December January 2025

An Dùbhlachd   Am Faoilleach

30	Monday Diluain

31 Hogmanay Oidhche Challainn	Tuesday Dimàirt

1 New Year's Day Là na Bliadhn' Ùire Bank Holiday Là-fèill Banca	Wednesday Diciadain

2 Bank Holiday (Scotland) Là-fèill Banca	Thursday Diardaoin

3	Friday Dihaoine

4	Saturday Disathairne

5	Sunday Didòmhnaich

The Old
♥ the New.
STOVES
Lighthouses
ERRAID.

Gannets

January 2025
Am Faoilleach

1	New Year's Day Là na Bliadhn' Ùire Bank Holiday Là-fèill Banca	Wednesday Diciadain
2	Bank Holiday (Scotland) Là-fèill Banca	Thursday Diardaoin
3		Friday Dihaoine
4		Saturday Disathairne
5		Sunday Didòmhnaich
6		Monday Diluain
7		Tuesday Dimàirt
8		Wednesday Diciadain
9		Thursday Diardaoin
10		Friday Dihaoine
11		Saturday Disathairne
12		Sunday Didòmhnaich
13		Monday Diluain

14		Tuesday Dimàirt
15		Wednesday Diciadain
16		Thursday Diardaoin
17		Friday Dihaoine
18		Saturday Disathairne
19		Sunday Didòmhnaich
20		Monday Diluain
21		Tuesday Dimàirt
22		Wednesday Diciadain
23		Thursday Diardaoin
24		Friday Dihaoine
25	Burns Night Fèill Burns	Saturday Disathairne
26		Sunday Didòmhnaich
27		Monday Diluain
28		Tuesday Dimàirt
29		Wednesday Diciadain
30		Thursday Diardaoin
31		Friday Dihaoine

Notes

— Notes —

Notes

Notes

Notes

— Notes —

Notes

Notes

Caledonian MacBrayne Contact Details:
Enquiries and Reservations: 0800 066 5000
www.calmac.co.uk

Hebridean Celtic Festival, Isle of Lewis
www.hebceltfest.com

Royal National Mòd: www.ancomunn.co.uk

Fèisean nan Gàidheal: www.feisean.org

Shipping Forecast BBC Radio 4 – 92.4–94.6 FM,
1515m (198kHz): 00:48, 05:20, 12:01, 17:54

· Postbox · ARRAN ·